하종태 명상록

공 책

空冊

주어진길

[책 사용법] 이 책은 말 그대로 공책空冊, 비어있는 책입니다. 공책은 당신에게 무언가를 채워주는 것이 아니라 당신이 그동안 너무 많이 가지고 있었던 것을 비워내는 데 도움을 줄 것입니다. 공책은 대부분 백지白紙로 채워져 있지만 비어있는 부분에 글을 쓰거나 그림을 그리면 안 됩니다. 백지를 읽으세요! 양 페이지를 최소한 30초 정도 묵독黙讀하세요! 왼쪽, 가운데, 오른쪽, 구석구석. 백지를 차근차근 읽다 보면 그동안 당신을 지배하며 당신의 삶을 피폐疲弊하게 만들었던 돈, 지식, 명예, 권력, 힘, 욕심, 타성, 이기심, 질투심, 경쟁심, 미워하는 마음, 교만한 마음 등이 어느새 사라지게 될 것입니다. 그리고 지금까지 보이지 않던 것들이 보이게 될 것입니다. 당신은 또, 원래 있어야 할 자리로 돌아가게 될 것이고, 진정한 당신의 주인主人을 다시 만나게 될 것입니다. 당신의 삶은 이제 차원이 달라질 것입니다.

공책

하종태 명상록
공책 空冊

초판 1쇄 2020년 2월 26일

지은이| 하종태
발행인| 하종태
편집·디자인| 김향애
발행처| 주이진길
인쇄·유통대행| (주)북랩
출판등록| 2019년 11월 25일, 제 2019-12 호
주소| 경북 경산시 대학로42길 5, 301호(계양동)
전화| 010-4522-9730
이메일| likejc@hanmail.net

ISBN 979-11-969152-0-9   03190

값 12,000원

이 도서의 국립중앙도서관 출판예정도서목록(CIP)은 서지정보유통지원시스템 홈페이지(http://seoji.nl.go.kr)와 국가자료종합목록 구축시스템(http://kolis-net.nl.go.kr)에서 이용하실 수 있습니다. (CIP제어번호 : CIP2020007542)

프롤로그

인간이 가장 위대할 때는
무언가 대단한 일을 할 때가 아니다
아무것도 하지 않을 때이다[1]

인간이 근육을 꿈틀거릴 때가 가장 위험하다
인간은 아무것도 하지 않을 때가 가장 위대하다
움직이면 그저 죄罪만 낳을 뿐이다[2]

겸손, 비운다는 말도
그래서 소중하다

2020년 2월, 계양동에서 하종태

---

[1] 신명기 27: 5-6 또 거기서 네 하나님 여호와를 위하여 제단 곧 돌단을 쌓되 그것에 쇠 연장을 대지 말지니라. 너는 다듬지 않은 돌로 네 하나님 여호와의 제단을 쌓고 그 위에 네 하나님 여호와께 번제를 드릴 것이며…

[2] 아모스 5:21-24 내가 너희 절기들을 미워하여 멸시하며 너희 성회들을 기뻐하지 아니하나니 너희가 내게 번제나 소제를 드릴지라도 내가 받지 아니할 것이요 너희의 살진 희생의 화목제도 내가 돌아보지 아니하리라. 네 노랫소리를 내 앞에서 그칠지어다! 네 비파 소리도 내가 듣지 아니하리라. 오직 정의를 물 같이, 공의를 마르지 않는 강 같이 흐르게 할지어다!

차례

제1부

태초에 하나님이 천지를 창조하시니라[1]

---
1 창세기 1:1

제2부

내가 거룩하니 너희도 거룩할지어다[1]

---

1 레위기 11:45

제3부

사랑은 오래 참고 사랑은 온유하며...[1]

---

1 고린도전서 13:4

에필로그

내 삶에서 가장 위대하다고
생각되었던 순간은
누워있을 때이다
아무것도 할 수 없어 그저 누워있을 때[1]

인간이 평생 이루는 일은
고작 주인主人을 아는 것이다[2]
그것도 정말 잘 살았을 경우에 말이다

공책空冊,
공책이 도움이 되길...

---

1 전도서 4:2-3 그러므로 나는 아직 살아 있는 산 자들보다 죽은 지 오랜 죽은 자
들을 더 복되다 하였으며 이 둘보다도 아직 출생하지 아니하여 해 아래에서 행하
는 악한 일을 보지 못한 자가 더 복되다 하였노라.

2 잠언 9:10 여호와를 경외하는 것이 지혜의 근본이요, 거룩하신 자를 아는 것이
명철이니라.

공책空冊에 관하여

1

<공책>은 원래 해설 없이 앞부분만 153페이지로 출판하려고 했다. 하지만 서지정보유통지원시스템에 ISBN을 신청했더니, 담당자로부터 아래와 같은 통보가 왔다.

이 신청서의 도서정보를 검토한 결과, 문구류에 해당하는 '노트(공책)'일 가능성이 있습니다. 이는 ISBN 부여 제외 대상입니다.(한국문헌번호편람 7판 p.12) 만일 출판예정 도서의 본문 내용이 이에 해당하지 않거나 문구류로 해당되는 부분의 비중이 작은 경우 ISBN을 부여할 수 있습니다. 재검토를 위해 판권지와 목차, 본문 내용 등을 알 수 있는 10페이지 이상의 이미지와, 자료에 대한 설명을 기재하여 isbn@mail.nl.go.kr로 보내주시면 메일로 부여 대상 검토 안내를 드리겠습니다. ISBN을 보다 정확하게 사용하기 위한 절차이니 번거로우시더라도 협조 부탁드립니다.

　그래서 저술 의도와 특수성을 호소하며 다시 한번 ISBN을 요청했더니 아래와 같이 회신이 왔다.

안녕하세요.
한국서지표준센터입니다.

보내주신 시안의 확인 검토 후 다음과 같은 검토의견을 회신하오니 업무에 참고하시기 바랍니다.

1. 텍스트가 전혀 수록되지 않은 페이지가 전체의 70% 이상입니다. 이는 기록을 의도하고 구성하지 않았다고 해도 기록장과 같은 기준으로 판단해야 합니다.
2. 비어 있는 페이지의 나머지 부분이 도서의 형태로 지속적으로 활용 가능한 부분으로서, 전체의 30%이상 분량으로 수록되었다면 ISBN 부여 대상에 해당하나, 보내 주신 시안에는 그러한 부분을 확인할 수 없습니다.

(검토 근거 : 한국문헌번호편람 7판 /http://seoji.nl.go.kr/

style/file/isbn_1.pdf#page=8)

따라서 보내주신 시안 '하종태 명상록-공책' 은 ISBN 부여 대상이 아닙니다.

귀사의 자료는 '한국유통물류진흥원(www.gs1kr.org)'에서 일반 상품코드를 부여받으실 수 있으며, 관련 문의는 02-6050-1400로 주시기 바랍니다.

이와 관련하여 좀 더 궁금하신 점이 있으시면 전화(02-590-0700, 내선 1번) 또는 메일로 문의하여 주시면 답변 드리도록 하겠습니다.

감사합니다.

이렇게 하여 예정에도 없던 <해설>부분을 부랴부랴 덧붙이게 되었고, 소중한 백지들은 난데없이 쳐들어온 검은 글자들에게 점령을 당하게 되었다. 참 가슴 아픈 일이다.

공책은 이렇게 비장함에 걸맞게 출발부터 사투를 벌여야 했다. 어쩌면 이렇게 이해하기 어려운 책에 대해 독자들에게 최소한의 넋두리라도 하게 된 것이 잘 된 일인지도 모르겠다.

2

나의 두 번째 명상록 —어쩌면 세 번째 명상록일 수도 있겠지만— <공책>은 내 모든 삶의 농축물이라고 할 수 있다. 2015년 12월 나는 <우유는 희다>(도서출판 한비CO)라는 제목으로 첫 명상록을 출판하였다. —이 책의 태생은 또, 1990년에 발간한 <점의 의미>로 거슬러 올라간다— 주제는 제목이 말하는 것처럼 '우유는 희다' 그 자체이다.

이 제목을 처음 사용한 것은 그로부터 1년 전에 있었던 작곡 발표회이다. 2014년 12월 대구아트앤시어터에서 '우유는 희다'라는 타이틀로 작곡 발표회를 가졌다. 피아노 독주를 위한 <십자가에 못 박혀 제8번>을 피아니스트 구정희 선생님이 75분가량 쉬지 않고 연주한 음악회였다. 잊지 못할 명연주다. 화가 윤기원 선생님이 여러 장의 작품을 제작해서 무대에 전시하기도 했다. 제목은 그 당시, 유튜브에서 사상가 함석헌 선생의 옛 시국강연회(1963년 7월 22일, 서울시민회관)를 듣고 뇌리에 남은 한 단어, '참'에서 아이디어를 얻었다.

우유는 희다. 매우 단순하다. 흰 것을 희다고 말하는 것이다. 어떻게 되었는지 요즘은 흰 것을 희다고 말하는 것이 부담스러운 세상이 되었다. 검은 것을 희다고 해야 이해가 되는 모양이다.

명상록 <우유는 회다>는 총 3부로 구성되어 있는데, 그중 제2부가 핵심적인 부분이다. 여기에 수록된 글들은 2010~2012년 사이에 쓴 것으로, 대부분 나의 작품 바이엘 시리즈에서 사용되었던 글들이다.

욕심 | 타성 | 필요 | 인생의 목적 | 발견 | 별것 아닌 것

그럴듯한 것 | 인생 | 사랑한다는 것 | 음악을 찾습니다

<우유는 회다>는 자비출판으로, 작곡 발표회를 여는 대신 출판한 것이다. 작곡가로 살아가랴 사명자로 살아가랴 물질적인 환경은 늘 녹록지 않은 것이 사실이다. 어려운 여건에도 불구하고 열심히 작곡 발표회를 해봐도 세상은 달라지는 것이 없고, 차라리 책을 펴내는 것이 그나마 나을 것 같다는 생각이 들어 출판하게 된 것이다. 당시 나는 <우유는 회다>를 출판하고, 마음속으로 이제 내 사명을 다했다고 생각했다. 음악으로 웅변하는 일도 충분히 했고, 글이든 작곡이든 더 할 것도 없다고 하나님께 고백했다.

<우유는 회다>는 <공책>에 비해 이해하기가 그리 어렵지는 않을 것이다. 쉬운 언어로, 최대한 쉽게 풀어 놓았기 때문이다. 그럼에도 불구하고 내용이 간단한 것은 아니

다.

　바이엘 시리즈에 사용했던 글들이 너무 아까워서, 다시 연가곡 형태로 작곡해서 발표하기도 했다. 2016년 12월 29일(목) 오후 5시, 대구 우손갤러리에서 소프라노 제호선 선생님과 바이올린 신선영, 박문경 선생님의 연주로 약 2시간 정도 진행되었으며, 욕심−타성−필요−인생의 목적−발견−별것 아닌 것−그럴듯한 것−인생 등 총 8곡이 발표되었다.

　추운 날 갤러리에서 2시간 이상 연주하는데다, 곡이 얼마나 집중력을 요하는지 연주하신 분들의 고생이 이만저만이 아니었다. 그때 연주하신 분들과 우손갤러리를 기꺼이 −무료로− 대관해주신 김은아 대표님과 설진선 담당자님께 다시 한번 감사의 말씀을 드린다. 이날 연주회에는 예약하신 분들만 참석하셨는데, 오신 모든 분들에게 감사의 표시로 '추억의 건빵' 1봉지와 함께 드린 선물이 바로 <공책>이다. 물론 그때는 정식 출판된 것이 아니라 100부 한정해서 마스터로 인쇄한, 100여 페이지 분량의 자그마한 책자였다. '빵'이 중요한 세상이라 '건빵'을 선물하였고, 더불어 영혼의 양식도 중요하기에 <공책>도 선물한 것이다.

　<공책>이라는 말은 <우유는 희다>의 제1부 마지막 부분(p.59) '진정성2'에서 처음으로 등장한다.

...

지금 이 세상 사람들에게 꼭 필요한 책이 하나 있다.

공책(空冊)이다.

사람이 되려거든 공책을 읽어라!

사실 <공책>의 시작은 2015년 6월로 거슬러 올라간다. 6월 어느 날 부산대 강의를 마치고 부산대역 근처 문구점에 들러 구입한 초록색 표지의 무선(줄 없는) 노트에 손글씨로 써서 제작한 것이 시초이다. 이 노트의 양장 표지는 리폼해서 현재(2019년 10월부터) 찬송가 표지로 사용하고 있다.

<공책>은 갑자기 생긴 것이 아니다. <우유는 희다>를 출판하기 전부터 언젠가는 <공책>을 출판하리라고 다짐하고 또 다짐하며 기회를 기다려왔던 것이다.

3

명상록 <우유는 희다>는 보통 사람들이 이해할 수 있는 언어로 비교적 친절하게 저술된 책이다. 책 크기도 국반판 (105x148)으로 포켓에 쏙 들어가게 배려하였는데, 독자들이 부담 없이 가지고 다니며 읽어주길 기대하는 마음에서였다. 이 책에는 행복한 인생을 살아가는데 굳이 다른 책이 필요 없을 정도로 핵심적인 내용이 거의 다 들어있다.

하얀 '우유'를 소재로 선택한 것은 예전부터 우유를 좋아했기 때문이기도 하지만 또, 신앙적으로 성결함, 거룩함을 상징적으로 나타내고 싶었기 때문이기도 하다.

두 번째 명상록 <공책>은 사실, 필요 없는 책이다. 굳이 의미를 부여한다면 존재 자체에 의미가 있을 것이다. 구름 위에서 읽어야 하는 책이랄까? 이 세상에서는 읽어도 이해하기 어려운 책이다. 이 세상 사람들에게는 <우유는 희다> 정도면 충분하다. 이미 모든 해답이 거기에 있기 때문이다.

그렇다면 <공책>은 왜 필요한가? 하나님의 언어에 가장 가까운 표현 방식을 찾다 보니 '공책' '비어있는 책'에 이르게 된 듯하다. 구급약, '우황청심원'같다고나 할까….

'공책'을 영어로는 Notebook(노트북)이라 하고, 독일어로는 Notizbuch(노티쯔부흐)라고 하는데, 둘 다 '노트', 또는

'메모장'이란 뜻이다. 내게는 한자漢字가 가장 마음에 와닿는다. 空(빌 공), 冊(책 책). 비어있는 책. 물론 언어유희言語遊戲의 의미도 있다. 일반적으로 인식하고 있는 '공책'과 내가 의도하는 '공책'은 동일한 단어이지만 그 의미는 완전히 다르기 때문이다.

또 여기서 말하려는 '공空' '비어있다'는 의미는 불교적인 의미와는 무관하다. 완전히 다르다. 무소유無所有도 마찬가지다. 물론 도교적인 의미와도 완전히 다르다.

여기서 '공空'은 세상적인 것, 즉 사물事物, 죄罪가 완전히 비어있다는 의미이다. 태초에 하나님이 그의 형상으로 빚은 최초의 인간 아담과 같이 죄가 전혀 없으며, 오직 거룩한 영聖靈으로만 가득 차있는 상태라고 할 수 있다. 이것이 바로 '공空'의 상태, 비어있는 상태이다.

'공空'은 그저 아무 생각이 없거나無爲, 비어있는 자리에 인본주의적인 사고, 또는 자기 자신自我으로 꽉 차 있는 상태를 말하는 것이 아니다. 사실 말은 쉽지만 삶에서 비움을 유지하는 것은 결코 쉬운 일이 아니다. 비우다가 잘못 비우면 영 비워질 수가 있다. 그야말로 바보가 되는 것이다. 필자가 어릴 적에는 종종 보던 현상이다. 머리가 너무 좋아돌았다는 것이다. 머리가 너무 안 돌아가도 문제지만 너무 잘 돌아가도 문제가 되는 존재가 인간이다. 더 경계해야 하는 것은 공들여 비워놓은 곳에 더 나쁜 것이 차지하는 경우이다. 문제가 해결되었다고 생각할 때 더 큰 문제가 따리틀게 되는 것이다. 이것이 인간의 한계이자 인간이 잘 속는 이유이다. 한편으로는 인간이 교만할 수 없는 이유이기도 하다.

4

인간이 가장 위대할 때는

무언가 대단한 일을 할 때가 아니다

아무것도 하지 않을 때이다

이 문장은 아마 대부분의 사람들에게 역설적으로 들릴 것이다.

"아무것도 하지 않을 때가 가장 위대할 때라니…."

"그러면 빈둥빈둥 놀라는 말인가?"

인간은 태생적으로 놀면 행복하지 않도록 창조되었다. 일시적으로 행복을 느낄지는 모르겠지만 그건 환각幻覺일 뿐이다. 그렇게 해서는 최상의 행복에 이를 수 없다는 것이다. 그래서 인간은 누구나 성실하게 살아야 하는 법이다.

그렇다면 인간이 가장 위대할 때가 왜 '대단한 일을 할 때'가 아닌가?

교만과 자만 때문이다. 인간이 얼마나 교만에 취약한지 여차하면 교만해진다. 조금만 잘 되면 우쭐해진다. 그래서 "눈에 뵈는 게 없나"라는 말도 있다. 실제로 인간은 그렇다. 조금 열심히 해도, 조금 잘해도 눈에 뵈는 게 없다.

하나님도 중요한 순간에는 다듬지 않은 돌로 제단을 쌓

으라고 하셨다. 왜 그렇게 하셨을까? 이것은 인간의 불완전성을 잘 보여주는 부분이다. 인간은 하나님 위에 서려는 순간, 하나님의 진노를 받을 수밖에 없다. 교만한 사람을 하나님이 가장 싫어하시기 때문이다. 교만한 사람이 하는 것은 예배도, 헌금도, 찬양도 그 어떤 대단한 것도 지절거리는 소리에 불과하다는 것이다.

부富, 건강, 지식, 명예, 권력 마찬가지다. 하나님을 경외할 때는 모든 것이 조화調和를 이루지만, 그렇지 않을 경우에는 일그러질 수밖에 없다. 안타깝게도 인간은 누구나 우쭐거리고 싶은 한계를 지니고 있는 듯하다. "낸데"라는 생각이 들어가는 순간, 인간의 대단함은 물거품이 되고 만다.

물론 살아가면서 때로는 자랑할 수도 있고, 칭찬할 수도 있다. 하지만 그것은 어디까지나 하나님의 주권 안에서만 유용하다. 모름지기 인간은 선線을 잘 지켜야 한다. 그것이 조절되지 않는다면 차라리 아무것도 하지 않는 편이 훨씬 더 낫다는 것이다.

자동차가 자기 마음대로 가지 않고 주인이 원하는 대로 가야 하듯이, 인간도 궁극적으로는 하나님의 주권을 인정하며 하나님의 섭리에 따라 살아야 하는 것이 순리順理다. 그것이 가장 자연스러우며 가장 행복한 길이라는 것이다. '주어진 길'이라는 의미는 바로 그런 것이다.

5

인간이 근육을 꿈틀거릴 때가 가장 위험하다

인간은 아무것도 하지 않을 때가 가장 위대하다

움직이면 그저 죄罪만 낳을 뿐이다

인간은 "아무것도 하지 않을 때가 가장 위대하다"라고 말하면 누구나 수긍하기 어려울 것이다. 크든 작든 자신의 근육을 꿈틀거리기를 좋아하기 때문이다. 틈만 나면 그동안 쌓아온 지식과 스펙, 노하우, 권력, 인맥을 꿈틀거리려고 한다. 그러지 못하면 왠지 우울해지고 섭섭해한다. 이러한 경향은 동장이나 군수나 대통령이나 총장이나 마찬가지다.

새 차는 가속페달을 밟으면 좋은 에너지를 만들어내지만, 똥차는 밟을수록 시커먼 매연만 뿜어내는 것처럼, 덜떨어진 인간은 힘을 쓰면 쓸수록 방귀만 나오고, 결국 죄만 낳게 된다. 그래도 창피스러운 줄 모르고 우쭐대기만 하는 존재가 인간이다.

하나님이 우리에게 쇠 연장을 대지 말고 다듬지 않은 돌로 제단을 쌓으라고 하신 이유를 깊이 묵상해보자! 인간은 자주 자신에 도취되는 듯하다. 쉽게 이성을 잃어버린다. 특히 칭찬을 받을 경우에 더 그러하다. 아이들에게 "잘 한다,

잘 한다"하면 정말 잘 하는 것으로 착각하고 우쭐대다 창피 당하는 것처럼 말이다. 인간은 애당초 스스로 통제할 능력 自制力이 결핍되어 있다. 그래서 권위자가 필요하고, 법과 질서가 필요하며, 늘 책임과 의무를 요구해야 되는 것이다.

이러한 인간의 속성을 잘 모르는 사람들은 자유와 평등, 민주, 인권이라는 말로 법과 권위와 질서를 무너뜨리기에 바쁘다. 사악한 사람들이다. 즉, 나쁜 의도가 가득한 사람들 이다. 어리석기 짝이 없는 진화론이 당연시되고, ─인간은 표면적으로는 동물과 유사하지만, 실제로는 완전히 다른 존재이다─ 가정에서는 가장의 권위가, 학교에서는 선생 님의 권위가 추락하고, ─그래서 제대로 된 징계가 사라지 고─ 성 평등을 비롯한 온갖 종류의 평등과 인권이 공개적 으로 주장된다. 이러한 현상들이 겉으로 보기에는 매우 논 리적이고, 민주적이며, 마치 평등을 추구하는 것처럼 보이 지만 실상은 법과 질서, 더 나아가서는 창조질서에 반항하 는 것이다. 마치 아래로 흐르는 물을 역류시키려는 행위와 같다. 이런 것을 다수로 마구 결정하는 것이 민주주의가 아 니다.

하나님이 쇠 연장을 대지 말고 다듬지 않은 돌을 사용하 라고 하시는 것은 인간의 추악함에 대한 경고이다. 인간은 깨끗하다고 말하지만 하나님은 "손을 씻어라" "신을 벗어라"라고 말씀하신다. 인간은 자신의 온갖 기술로 다듬어서 뽐내려고 하지만, 하나님은 "됐다"라고 하신다. 인간은 "왜요?"라고 따지듯 의문을 제기하겠지만, 가만히 생각해보면 낯 뜨거운 일일뿐이다. 하나님은 우리가 거룩해야 할 이유를 명확하게 설명해주신다. 하나님이 거룩하시기 때문이다.

아이들이 부모의 칭찬에 우쭐해 뭔가 계속하려 한다면 결국 민폐가 되는 것처럼 인간이 근육을 꿈틀거림도 그와 비슷하다. 나도 아들이 셋 있지만, 청소년 시절에 하나같이 웃통 벗는 것을 즐겨하는 것을 보고 자주 그런 생각이 들었다. 웃통 벗고 거실을 왔다 갔다 한다든가, 웃통 벗고 자는 것을 즐겨 했던 것이 아마 몸매를, 아니면 근육질을 자랑하려 했던 게 아니었을까 추측해본다.

이것은 인간의 근육이 필요 없다든가 야성을 가질 필요가 없다는 것을 말하는 것이 아니다. 오히려 그 반대이다. 인간은 누구나 주어진 것으로 최선을 다해 살아야 한다. 단지 인간이 아무리 유능하고 성실하다 하더라도 인간은 신이 아님을 결코 잊어서는 안 된다는 말이다. 우쭐대더라도 선을 넘을 정도로 교만해서는 안 된다는 의미이다.

또 인간이 아무것도 하지 않을 때가 가장 위대하다는 것은 두 가지 관점에서 해석이 가능하다. 첫째로, 실제 인간의 성실은 도움이 안 되는 경우가 많다는 의미이다. 잘 한다고 하는 것이 도움이 되기보다는 오히려 일을 그르치는 경우가 많기 때문이다.

예를 들면 사람들은 지식을 얻으려고 책을 읽는다. 아는 것이 없어 알기 위해 안다고 하는 사람들의 책이나 글을 읽는다. 교양이 있어지고 유식해지고 싶어 한다. 책을 읽으면 알아간다는 생각에 흥분하기까지 한다. 하지만 그런 과정을 반복하면 할수록 자신이 모른다는 사실을 더욱 분명하게 알게 된다. 그럼에도 불구하고 제대로 알기 위해 또 그러한 과정을 반복한다. 이번에는 더 전문적인 책을 읽거나 대학과 같은 전문적인 과정을 거친다. 결국 박사논문을 쓰고, 박사학위까지 받는다.

그러면 아는 것이 끝나는가? 고상해지는가? 솔직하게 말하면 아니다. 그럴 수가 없다. 그래서 나는 종종 말한다. 책그만 읽으라고. 음악도 그만 들으라고 한다. 내가 보기에 대부분의 사람들은 독서를 취미활동으로 하는 듯하다. 책을 읽으면 왠지 자신의 삶이 좀 더 나아질 것 같기 때문인가? 실상은 그렇지 않다. 책이라도 읽지 않으면 허虛하기 때문이다. 자기 계발서를 수십 권 읽어도 삶도, 사람도 그대로다. 책값과 시간만 낭비할 뿐이다. 물론 그 책을 베스트셀러에 올리는 데 기여하고, 조금은 마음의 위로를 얻을

지도 모른다. 성경 책도 예외는 아니다. 건강식품도, 세미나도 마찬가지다. 사람들은 이리저리 사기 치고 사기당하며 행복해한다.

여기에서 끝나면 그나마 다행인데 그렇지도 않다. 제대로 아는 것도 힘들지만 인간은 결코 무지無知에서 포기하지 않는다. 기어이 교만에까지 이른다. 책을 읽어도, 공부를 해도 여전히 모른다는 것은 삼척동자도 다 아는 사실인데, 아는 척한다는 것이다. 그 하나 알게 된 것을 가지고 그야말로 핏대를 높인다. 우쭐거린다. 그 허접한 지식 쪼가리, 개똥철학 나부랭이…. 참 제대로 아는 것도 쉽지 않다. 사람들은 하나같이 어리석은 것에 목을 맨다. 그렇게라도 해야 자신이 덜 허무해지기 때문인가? 불쌍하다 못해 비참하다.

"움직이면 그저 죄罪만 낳을 뿐이다."

쉽게 말하면 똥을 줄줄 싼다는 말이다. 다른 사람 이야기가 아니다. 바로 내 이야기이고, 우리 이야기이다.

그 옛날 하나님이 모세를 통해 이스라엘 백성들을 애굽(이집트)에서 탈출시킨 것처럼, 내가 <공책>같은 책을 쓴 이유도 바로 이러한 나의 가련한 형제자매들을 그 허깨비 같은 데서 탈출시켜주기 위함이다.

6

겸손, 비운다는 말도
그래서 소중하다

사람이 살다 보면 죄를 지을 수밖에 없다. 그것은 피조물
의 한계이기도 하다. 앞에서 언급한 것처럼 부르릉거리며
방귀를 뀌고 똥을 싸면서도 우쭐대는 것이 인간의 흔한 모
습이다. 문제는 미안해하지 않는다는 것이다. 피식 방귀를
뀌면서도 그야말로 안하무인眼下無人이다. 자신은 마치 똥
도 안 누는 것처럼 고상을 떤다. 이제 우리 그만 돼지우리
에서 나가자!

다행히도 우리는 겸손함으로 최소한의 예의를 지킬 수
있다. 인간이 겸손하거나 내려놓거나 비운다고 해서 대단
해지는 것은 아니지만 그나마 덜 부끄럽다는 것이다.

겸손도 사실은 우리가 감히 내뱉을 만한 성격의 말은 아
니다. 겸손은 자신은 하나님이지만 우리의 죄를 대속하기
위해 낮고 천한 이 세상에 인간의 몸으로 오신 예수님 같은
분만이 하실 수 있는 말이기 때문이다. 인간은 겸손할만한
일이 없다. 겸손할 수도 없는 존재가 교만하기까지 하니 이
얼마나 어이없는 일인가!

인간은 애당초 인간의 죄를 사赦하고 용서할만한 능력이 없다(잠 20:9). 전혀 없다. 그건 공자도 석가도 예외는 아니다. 그저 "네 죄를 네가 알렸다!" 이것이다. 소크라테스의 말처럼 자기 자신을 아는 정도면 대단한 것이다. 이것이 인간의 현주소이다.

든 것이 없는 사람은 비울 것도 없고, 낮은 데 있는 사람은 더 내려갈 수도 없다. 겸손하다고, 비운다고 하는 사람을 그나마 소중하게 생각하는 것은, 적어도 자기 자신의 위치는 알기 때문이다.

7

[책 사용법1] 이 책은 말 그대로 공책空冊, 비어있는 책입니다. 공책은 당신에게 무언가를 채워주는 것이 아니라 당신이 그동안 너무 많이 가지고 있었던 것을 비워내는 데 도움을 줄 것입니다.

<공책>은 한마디로 책의 개념을 뒤집어 놓은 것이다. 다음 문장을 보면 조금 더 이해가 쉬우리라 생각한다.

책 이름은 공책이지만 연필로 기록하는 용도는 아닙니다. 한자의 의미대로 공책空冊, 비어있는 책입니다. 비어있는 책을 읽는 것입니다. 공책은 꽉 채워져 있는 탐욕스러운 삶으로부터의 탈출을 의미하기도 하며, 동시에 우리가 평소에 놓치고 있던 것들을 재발견한다는 의미도 있습니다. 평생 동안 우리의 눈길을 현혹해왔던 비본질적인 것들을 걷어내고, 오직 본질적인 것에 집중하게 도와주는 책이 바로 공책입니다. 지금까지 세상의 많은 기름진 책들을 읽었다면, 이제 당신에게 필요한 마지막 책은 공책이 아닐까 생각해봅니다.

우리는 지금까지 수많은 공책(노트)들을 대하면서 공책을 채우려고만 했지 공책, 즉 백지白紙(비어있는 종이) 자체에는 집중하지 못했다. 내 작품 중에는 2009년에 작곡한 <그리 아니하실지라도 제1번>이라는 곡이 있다. 바이올린 독주를 위한 작품으로 바이올리니스트 윤성원 선생님이 초연했는데, 여기에는 약 10분 동안 '도솔미솔'(실제로는 2도 위로 이조 됨)만 반복된다. 이런 음형을 음악전문용어로는 '알베르티 베이스'라고 한다. 이러한 음형은 일반적으로 어떤 주제적인 선율을 화성적으로 받쳐주는 역할로만 사용된다. 하지만 이 작품에서는 파격적으로, 이 음형이 주인공으로 나타난다. 음악사적으로는 대혁명이다. 그것도 10분 동안 끊임없이 말이다.

2011년에 작곡한 <바이엘 제7번-피아노 독주를 위한 "그럴듯한 것">도 아마 백지를 이해하는 데 많은 도움이 되리라고 생각한다. 피아니스트 이귀엽 선생님이 초연한 것으로, 이 작품의 주요 아이디어는 엄청 긴 쉼표이다. 크게 4분짜리, 2분짜리 쉼표가 사용되는 것이 특징이다. 존 케이지의 <4분 33초>보다 더 긴 침묵을 요구한다.

공책도 그런 개념이다. 빽빽하게 글자가 차지해야 하는 책에 어느 날 글자가 사라진 것이다. 최소한 30%라는 배려에도 미치지 못하니 ISBN도 부여되지 않는 지경에 이른 것이다. 오해를 살만하다. 객기 부린다는 비난을 들을만하다.

나도 글이 빽빽한 책이나 음표가 빽빽한 곡을 모르는 것은 아니다. 나도 그런 책들을 많이 읽고, 그런 종류의 음악도 많이 감상하며 지금에 이르렀다. 하지만 살아가면서 야기되는 문제는 대개 빽빽한 데서 생겨난다는 결론에 이르게 되었다.

너무 많이 알아서, 너무 많이 먹어서, 너무 힘이 강해서, 너무 돈이 많아서, 너무 열정이 많아서 문제가 생기게 되는 것이다. 기름진 것을 너무 많이 섭취해 속이 더부룩한 상태라는 것이다. 우리 주위에는 무엇이든 과잉이요, 포화상태다. 심지어는 절제를 해도 과하게 하는 존재가 인간이다. 부끄럽지만 동물만큼도 자제가 안 되는 듯하다. 동물은 자기 배만 부르면 된다. 인간의 탐욕은 끝을 모른다. 그래서 <공책>이 절실하다.

이제 비어있는 무엇이 절박한 시대가 되었다. 우리는 그간 기름진 책들을 너무 많이 읽었다. 좋다는 책들은 다 읽지 않았는가? 유명한 작가가 쓴 책, 베스트셀러 책들, 그럴 듯한 책들, 하루가 멀다 하고 홍보되는 만병통치 책들에 피폭되며 살아왔다. 공책! 공책만이 유일한 해독제가 되리라.

8

[책 사용법2] 공책은 대부분 백지白紙로 채워져 있지만 비어있는 부분에 글을 쓰거나 그림을 그리면 안 됩니다. 백지를 읽으세요! 양 페이지를 최소한 30초 정도 묵독默讀하세요! 왼쪽, 가운데, 오른쪽, 구석구석. 백지를 차근차근 읽다 보면 그동안 당신을 지배하며 당신의 삶을 피폐疲弊하게 만들었던 돈, 지식, 명예, 권력, 힘, 욕심, 타성, 이기심, 질투심, 경쟁심, 미워하는 마음, 교만한 마음 등이 어느새 사라지게 될 것입니다.

공책은 대부분 백지白紙(비어있는 종이)로 채워져 있지만 비어있는 부분에 글을 쓰거나 그림을 그리면 안 된다. 백지를 읽어야 한다. 원래는 백지로만 채우려고 했지만, 현실적으로 독자들이 백지만 보고 필자의 의도를 이해하기는 너무 어려울 것 같아 삶에서 가장 핵심이 된다고 생각되는 세 개의 성경 구절을 제시해 두었다. 그 부분에 대해서는 또 자세히 다루게 될 것이다.

태초에 하나님이 천지를 창조하시니라(창 1:1)
내가 거룩하니 너희도 거룩할지어다(레 11:45)

사랑은 오래 참고 사랑은 온유하며…(고전 13:4)

이제 <공책> 읽는 방법을 구체적으로 소개하려고 한다. 먼저 2쪽에 제시된 [책 사용법]을 충분히 숙지한 후, 프롤로그를 천천히 여러 번 읽고, 차례를 쭉 훑어본다. 그리고 총 3부로 구성된 본문으로 들어간다.

각 부분에 소개되어 있는 문장을 깊이 묵상한다. 성경에서 인용된 이 세 구절은 매우 중요하다. 긴 구절을 제시하지 않은 것은 주어진 문장에 최대한 깊이 몰입하기 위해서이다. 사실 이 세 문장이면 우리가 행복하게 살아가는데 충분하다. 더 많은 것이 필요치 않다.

각 부분의 주제에 해당되는 구절을 확실하게 외운 후 그 내용을, 비어있는 페이지들을 읽으며 다음 주제가 나올 때까지, 계속 마음속으로 되뇐다. 비어있는 페이지는 왼쪽·오른쪽 페이지, 즉 양쪽을 한 세트로 읽어나가면 된다. 특별한 규칙은 없지만 뒤에서 몇 가지 방법을 제시하게 될 것이다.

이 책은 결코 흥분된 상태나 조급한 상태로 읽으면 의미가 없다. 이 책이 여러분의 인생에서 마지막 책이라는 생각으로, 시간을 내어 차분한 마음으로 읽어야 의미가 있을 것이다.

9

[책 사용법3] 그리고 지금까지 보이지 않던 것들이 보이게 될 것입니다. 당신은 또, 원래 있어야 할 자리로 돌아가게 될 것이고, 진정한 당신의 주인主人을 다시 만나게 될 것입니다. 당신의 삶은 이제 차원이 달라질 것입니다.

사실 이 책에서 제시하는 세 개의 성경 구절은 각 구절 뒤에 이어지는 많은 빈 페이지를 감당할 정도로 충분히 강력한 메시지들이다. 아마 대부분의 독자들에게는 나의 제안이 익숙지 않을 것이다. 그것은 우리가 그동안 얼마나 참을 수 없는 가벼움으로 살아왔는지를 보여주는 증거이기도 하다.

원래는 굳이 이 세 개의 성경 구절이 —제1부, 제2부, 제3부로 나뉘어— 제시되지 않는다 하더라도 백지에서 읽을 수 있는 내용들이지만, —물론 그러기에는 아주 깊은 내공內功이 필요하겠지만— 아직 그 단계에 이르지 못한 독자들을 위해 직접적으로 제시하였음을 밝혀둔다.

<공책>은 기본적으로 두 가지의 관점으로 읽어나가야 제대로 이해할 수 있다.

첫째, 본질적인 것으로 위에서 언급한 것처럼 세 가지의

핵심적인 성경 구절을 놓치지 않고 가는 것이다. 이것은 최소한 각 부분의 마지막 페이지까지 유지되어야 할 것이다.

둘째, 부수적인 방편이긴 하지만 필자의 안내에 따라 비어있는 페이지를 다양한 방식으로 읽어나가는 것이다.

사진1

사진2

10

이제 <공책>을 읽어나가는 두 가지 관점 중 둘째 관점에 대해 조금 더 구체적으로 언급할까 한다.

빈 페이지를 읽어나가는 방법에 대한 것이다. 빈 페이지, 즉 백지밖에 없다는 것은 독자를 적지 않게 당황스럽게 할 것이다. 하지만 원리를 이해한다면 당황스럽지 않음은 물론, 매우 흥미로운 경험이 될 것이다. 원리는 아주 간단하다.

먼저, '백지白紙'를 제대로 이해해야 한다. 책이라고 하면 종이 위에 글씨가 있는 것이 상식적이다. 일반적으로 책이나 그림에서, 글씨나 그림의 내용이 적고 비어있는 부분이 많이 차지할 경우 '여백餘白의 미美'라고 표현한다. 하지만 <공책>의 경우는 다르다. 아마 참을 수 없을지도 모른다. 조금 예민한 사람은 몇 페이지가 넘어가기 전에 토吐할지도 모르겠다. 이유는 선입견 때문이다. 우리는 우리 자신도 모르게 어떤 프레임(frame 틀)에 갇혀있다. 대개 당연하다고 생각하는 거기에 함정이 있다. 이런 현상은 결과 중심적으로 살아가는 사람에게 더욱 두드러지게 나타난다. 다른 말로 "타성惰性에 젖어 산다"고도 한다. 이 사람들에게 과정은 그저 낭비일 뿐이다. 프레임이나 타성을 벗어보라! 다른 세상이 보일 것이다.

어쩌면 우리는 빙산氷山의 일각一角을 보며 살아왔을지도 모른다. 프레임이나 타성 때문에 말이다. 나는 그것을 '포장지'라고 한다. 대부분의 사람들은 그래서 본질인 '다이아몬드'에 관심이 없고, 알록달록한 포장지에만 목을 맨다. 평생 그 허접한 껍데기에 목숨을 걸고 살아도 되는가? 이상하지 않은가? 한번 생각해보라! 만약 당신이 그렇다 해도 괜찮은가? 아마 어리석다고 혀를 내두를 것이다. 내가 안타까워하는 것도 바로 그 부분이다. 이것이 바로 <공책>을 출판하고, 공책 같은 음악을 작곡하는 이유이다.

포장지를 치워버리면 우리는 비로소 다이아몬드에 집중하게 될 것이다. 이것이 공책에서 글을 덜어내는 이유이다. 우리는 공책에서 글을 덜어내며 본질적인 것을 잃어버리는 것이 아니라, 비로소 포장지를 치우고 본질을 보게 되는 황홀한 경험을 하게 되는 것이다.

그다음, 백지를 있는 그대로 읽는 훈련을 해야 한다. 그것이 흰색이든 미색이든 상관없다. 불빛 아래에서 <공책>의 빈 페이지를 펴보라! 일반적으로 왼쪽 페이지를 왼쪽에서 오른쪽으로, 위에서 아래로 먼저 읽고, 그다음 오른쪽 페이지를 동일한 방식으로 읽어나가지만 여기서는 꼭 그럴 필요는 없다. 일단 양 페이지를 포커스로 잡고, 눈 가는 데서

부터 읽으면 된다. 아마 가장 먼저 보이는 것이 가운데 강렬하게 보이는 그림자일 것이다. 자세히 보면 그림자가 매우 신비스럽다. 조명의 색에 따라, 밝기에 따라, 각도에 따라 다양한 뉘앙스를 경험하게 될 것이다. 각 부분의 처음에 나오는 구절을 마음속으로 되뇌며 차분하게 백지를 읽어라! 창조주 하나님이 당신에게 말을 건네게 될 것이다.

그다음, 당신의 왼손과 오른손을 각각 주목하면 아마 대단한 것이 발견될 것이다. 책 가운데의 그림자와는 또 다른 풍부한 그림자를 만나게 될 것이다. 손가락 마디와 어우러진 이 그림자는 그야말로 다이아몬드 급이다. 아직 책값이 아깝다고 생각되거나 재미없다고 생각되면 미련 없이 헌책방에 팔아도 좋다. 어차피 당신에게는 도움이 안 될 듯하다. 책을 잡거나 책장을 넘기거나 책장을 펴며 다양한 몸짓을 해보라! 당신의 상상력은 급속도로 증가할 것이다. 이제 당신의 다섯 손가락을 책 위에 펴보라! 그리고 그림자를 읽어라! 이렇게 한 페이지 한 페이지 읽다 보면 껍데기에 찌든 당신의 영혼이 어느새 맑아질 것이다.

또 하나, 당신이 책을 들고 책상 앞이나 거실이나 옥상이나 베란다나 앉거나 서거나 다양한 연출을 하면서 빈 페이지를 읽으면 더 신비로운 경험을 하게 될 것이다. 백지 자체도 이미 흥미롭지만, 당신과 당신의 주위 환경에 의해 책

읽는 기쁨은 배가倍加될 것이다. 중요한 것은 백지와 당신의 몸과 손, 그리고 빛의 조합이다. 그래서 그림자의 형태와 농도가 다양한 결과를 빚어내는 것이다.

　이것은 명상冥想이 아니다. 독서讀書다. <공책>은 마치 CD의 렌즈를 청소해 주는 CD처럼, 인생의 노폐물을 닦아주는 '클리너(cleaner)'가 될 것이다. 당신에게 이 기쁨, 이 행복을 되찾아주려는 것이 필자의 소망이다.

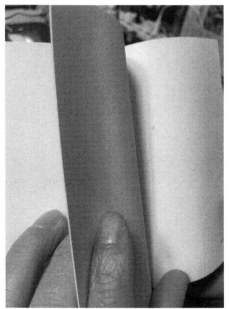

사진3

11

태초에 하나님이 천지를 창조하시니라(창 1:1)

성경을 한 문장으로 요약하면 아마 이 문장이 될 것이다. 하나님을 믿는지 안 믿는지는 이 말씀에서 판가름 난다. 매우 간단하다. 이 구절을 믿느냐 안 믿느냐이다. 거꾸로 생각해보면 이 짧은 한 문장의 무게가 얼마나 무거운지 모른다. 크리스천이라면 누구나 이 구절은 알 것이다. 성경을 아무리 안 읽는 사람이라 하더라도 이 구절은 피해 갈 수 없다. 성경을 펴면 맨 처음에 나오는 내용이기 때문이다. 사실 그래서 더 아이러니하다.

사람들이 나를 꼰대나 보수주의자로 오인하는 경우가 많은데, 알고 보면 그렇지도 않다. 나는 50여 년 살면서 거의 방황해본 적이 없는데, 군 복무 때 잠시 그런 적이 있다. 지금 돌아보면 조금 위험했던 시기 같기도 하고, 신앙의 확실한 분기점이 된 것 같기도 하다.

나는 그때, 혼자 막장 토론을 했다.

"하나님은 정말 살아계실까?"

"그렇다면 나처럼 믿음으로 살아가려고 발버둥 치는 사람에게 왜 명확한 증거를 주시지 않을까?"

"진화론이 맞을까?"

"다른 종교는 뭘까?"

"다른 신이 있는 걸까?"

"니체의 말처럼 혹시 신이 죽은 것은 아닐까?"

꼬리에 꼬리를 물며 한동안 집요하게 질문을 던진 적이 있다. 그 답은 내가 대학교 2학년 때(1990년) 출간한 <점의 의미>라는 책 101~103페이지에 실려 있다. 결론은 "신은 살아 있다"이다. 조금 더 정확하게 표현한다면 "신은 살아 있을 수밖에 없다" "신은 살아 있어야 한다"이다.

그 일부를 인용하면 다음과 같다.

...

신은 분명히 살아있다. 신이 없는 인간은 존재할 수 없다. 그것은 주인 없는 직공이나 부모 없는 자식과도 마찬가지이다. 신이 있다는 사실은 어떤 철학자나 신학자들이 증명하기 이전에 인간 스스로가 그 사실을 분명히 증명하고 있다.

...

신이 없는 곳에서는 질서도 없다. 왜냐하면 법칙이 없기 때문이다. 법칙이 없다는 말은 인간생활에 아무 규제도 없다는 말이다.

신의 존재는 필연적이다. 이것은 신이 없다고 생각하는 사람들에겐 더더욱 필연적이다. 신이 존재하기 때문에 인간은 인간다운 삶이나 가치 있는 인생을 규정지을 수 있다.

인간이 더욱 인간답게 살려고 한다거나 또한 질서의 아름다움을 추구한다거나 인생의 의미를 더욱 가치 있게 스스로 부여하려고 노력한다는 것은 신의 존재를 더욱 확실히 증명해 주는 것이다. 과연 신이 존재하지 않는다면 인간다운 삶의 의미를 어떻게 규정지을는지…?

"태초에 하나님이 천지를 창조하시니라"

우리는 이 문제를 매우 단순하게 생각하는 경향이 있는데, 사실 이 명제는 생각보다 간단하지 않다. 단지 하나님이 천지를 창조했는지 아닌지의 문제가 아니기 때문이다. 또 하나님을 믿든 안 믿든 이 세상에서 숨 쉬고 살아가는 거의 모든 사람과 연관된 문제이기도 하다. '거의'라고 단서를 붙이는 것은 정말 자신을 원숭이나 아메바의 후손이라고 생각하는 사람이 있을 수도 있기 때문이다– 이것은 나의 존재에 대한 인식이 나의 아버지, 어머니, 할아버지, 할

머니로 이어지는 조상의 존재에 영향을 미치는 것과 같은, 말하자면 고구마 줄기와 같은 그런 것이다. 나 혼자 발을 뺀다고, 먼지를 털어버린다고 해서 단순하게 해결될 문제가 아니라는 것이다.

진화론과 창조론은 다윈(종의 기원, 1859) 때부터 160년이 지난 지금까지 끊임없이 갑론을박甲論乙駁하고 있는데, 여기서는 학문적, 과학적인 접근은 논외로 하겠다. 신앙의 문제는 궁극적으로 학문과 과학적인 차원에서 증명될 수 있는 부분이 아니기 때문이다. 내게는 그런 지식도 없지만 굳이 그럴 필요도 없다고 본다. 파리 한 마리 잡으려고 도끼 들고 난장판 벌일 필요는 없기 때문이다. 설령 학문적인 논쟁을 한다 해도 결국 소모적인 논쟁으로 끝날 것이 분명하다. 만약 어떤 과학자가 "신은 죽었다"라는 사실을 증명한다고 해도 그때부터 바로 신이 죽는 것은 아니기 때문이다. 학자든, 과학자든, 철학자든 인간의 근간은 그야말로 불완전하기 짝이 없다. 썩은 동아줄이나 별반 다르지 않다. 특히 신앙에 대해서는 더 그러하다. 눈을 부라리고 핏대를 높이며, 인간의 연약한 기반으로 "신은 죽었다"라고 외치는 모습을 보면 그저 안쓰러울 따름이다. 진화론이 어떤 주장을 해도 상관은 없지만, 최소한 창조주 하나님을 부정하는 어리석음만은 범치 않길 바란다.

12

이 책에서 가장 핵심적인 주제는 '주인主人'이다. 그래서 창세기 1장 1절을 가장 먼저 제시한 것이다.

"태초에 하나님이 천지를 창조하시니라"

이 문장은 자연自然과 인간人間의 주인이 누구인지를 명확하게 보여준다. 이 문제는 매우 중요하다. 많은 사람들은 이 문제에 대해 거의 고민하지 않는 듯하다. 오히려 골치 아파하는 것 같다. 하지만 이 문제에 대해 명확한 해답이 없이 살아간다는 것은 상당히 위험한 도박이다. 최소한 나로서는 감히 상상도 못할 일이다.

"누가 나의 주인인가?"

"내가 나의 주인인가?"

"한평생 그저 내 좋을 대로, 내가 하고 싶은 대로 살면 되는가?"

대부분의 사람들이 그렇게 살고 있지만 아무리 생각해도 그건 아닌 것 같다. 내가 생각해도 나는 나의 주인이 아니다.

"그렇다면 돌이나 큰 나무나 산과 같은 어떤 자연의 일부나 자연현상들이 나의 주인인가?"

그것도 아닌 듯하다. 그건 미신迷信이다.

"그렇다면 절간에 있는 부처인가?"

석가모니는 성인聖人의 한 사람이지만 누가 봐도 숭배할 대상은 아닌 것 같고, 돌이나 쇠붙이로 만든 불상은 더더욱 아닌 듯하다. 그건 그저 우상偶像일뿐이다. 사람이 만든 것이고, 숨도 못 쉬고 말하지도 못하는 존재이다(합 2:18~20). 지식도, 돈도, 명예도, 건강도, 권력도 마찬가지다.

유대교, 천주교, 기독교에서 믿는 하나님은 어떤가? 그럴듯한데 보이지 않는다. 성경만 전해질 뿐이다. 보지 않고 믿는 사람이 더 복되다고 말한다. 참 난감하다. 이것이 30여 년 전 내가 군 복무할 때 잠시 방황했던 흔적들이다.

태초부터 지금까지 해와 달, 지구, 그리고 많은 행성들이 한 번도 부딪히지 않고 질서정연하게 운행되고 있다. 자연에는 생태계가, 인간들에게는 크든 작든 윤리와 도덕, 법, 질서가 근간根幹을 이루고 있다. 교육, 기술, 학문, 과학 등이 끝없이 발전되어왔다. 거기에다 철학, 예술도 있다.

인간은 참으로 대단하다. 역사 이래로 인간은 끊임없이 도전하고 정복하며, 다양한 분야에서 많은 발전을 거듭해왔다. 그와 더불어 수많은 자연재해를 당하기도 하며, 자연의 원리와 창조질서를 파괴하고 거슬러 온 것도 사실이다.
아래의 글은 <명상>의 일부분이다.

...

지식과 기술만 보면 인간은 참 대단하다. 여기에 딜레마
(dilemma)가 있다. '교만'이라는 말이 바로 그것이다. "도
(道)를 도라 하면 참된 도가 아니다"(道可道非常道)라는
말이 있다. 인간이 무엇인가를 확실히 잡았다고 생각하면
그때부터 문제가 시작된다. 즉, 인간이 인간 스스로의 한
계를 가볍게 보면 큰 불행이 찾아올 수밖에 없다는 것이
다. 1m를 뛸 수 있는 사람이 10cm 더 뛰려고 하면 낭떠러
지에 떨어질 수밖에 없는 것이다. 인간의 능력이 대단하
지만 무한하지는 않다. IQ가 아무리 좋다 하더라도 근소
한 차이로 정신병에 이를 수도 있는 존재가 인간이다. 말
하자면 생각도 무한정으로 할 수 없는 존재가 인간이라는
것이다. "내가 누구인가" "내가 어디서 와서 어디로 가는
가"라는 질문도 너무 오래 할 수 없다. "정의가 무엇인가"
라는 질문도 마찬가지다. 인간은 무엇이든 끝을 볼 수 없
는 존재이다. 성경의 '바벨탑 사건'이 좋은 예다. 박사가 아
니라 우 박사라도 그러하다. 그 한계를 무시하는 순간 돌
이킬 수 없는 후회에 이르게 된다. 정말 현명한 인간은 그

한계를 분명히 알고 결코 선을 넘지 않는다. 인간이 위대하지만 그에 비할 수 없는 위대한 존재가 또 있기 때문이리라. 그래서 소크라테스도 "너 자신을 알라"고 했던가! 지금도 고무줄 터지는 소리가 들린다.

－하종태 명상 "인간의 한계" 중에서

사람들은 인본주의(人本主義), 인간(人間, 사람)이 답이라고 한다. 인간이 주인(主人)이 되는 것이다. 과연 답일까? 이는 더 큰 함정이다. 왜곡된 인권, 평등, 평화, 진화론 등이 그렇게 생겨난 도구들이다. 신본주의(神本主義, the God-oriented)가 유일한 답이다. 하나님의 법과 질서, 겸손, 사랑, 평화, 공평, 정의가 실현되어야 모든 문제가 자연스럽게 해결된다.

...

신의 존재를 증명하는 것은 그리 복잡한 일이 아니다. 부모(父母)가 신(神)의 존재를 증명한다. 조물주를 부정하는 것은 곧, 자신을 사생아(私生兒)라고 주장하는 것과 다르지 않다. 부모의 존재를 부정하려고 발버둥 치는 모습이 지금 인간들의 모습이다. 그저 자신의 소견대로, 정욕대로, 마음대로 하고 싶은 것이다. 지금 인간들의 모습은 딱 엉덩이에 뿔난 망아지이다. 인간들은 자신들이 무엇을

하고 있는지도 모르고 살아가고 있다. 알지도 못하는 신을 섬기며 말이다. 사망의 길로 가면서도 춤추고 기뻐하고 있다.

...

인간은 점점 흉측한 괴물로 변해가고 있다. 양심도 윤리도 도덕도 없다. 급기야 에덴동산에서처럼 피조물이 창조주의 권한을 넘보고 있다.

−하종태 명상 "빵땅돈힘" 중에서

인간은 대단하다.

그래서 위험하다.

−하종태 묵상 "인간의 속성"

13

"태초에 하나님이 천지를 창조하시니라"

결론적으로 우리가 살아가면서 우리 인생의 주인主人이 누구인지를 아는 것은 가장 우선적이며, 가장 근본적인 문제이다. 주인이 모호하다면 모든 것이 모호해지기 때문이다. 국가에서 주인은 국민이다. 국회도, 대통령도, 헌법도 모든 권력이 국민에게서 나오기 때문이다. 그것이 민주주의民主主義다. 가정에서는 가장家長이 있고, 회사에서는 사장社長이 있다.

내 인생의 주인이라고 하는 것은 이와 비교가 안 될 정도로 본질적인 문제다. 동물에게는 주인이 그리 중요하지 않다. 하지만 인간은 다르다. 조금 다른 것이 아니라 완전히 다르다. 그건 개도, 원숭이도 예외는 아니다. 인간은 결코 배부르다고 만족하지 않는다. 비록 누군가가 자신을 공격하지 않고, 안전한 상태라 하더라도 마찬가지다. 말하자면 생리적인 욕구에 만족하지 않는다는 말이다.

인간은 지나친 구속拘束도 힘들어하지만 지나친 자유自由도 힘들어한다. 주인을 안다는 것이 중요한 것은 법과 질서, 윤리, 도덕과 밀접한 관련이 있기 때문이다. 다르게 말하면 '기준基準'과 '책임責任'의 문제이다. "이 모든 것의 기준이 무엇이냐'라고 했을 때 자연스럽게 주인을 향하게 되는 것이다. 주인을 다른 말로 하면 주권자主權者, 권위자權威者이다. 말하자면 그분이 바로 창조주 하나님이라는 것이다. 그래서 그분을 인정하는 것과 그렇지 않은 것에는 절대적인 차이가 있다는 말이다.

그다음에 비로소 "내가 어디서 왔는가?" "어떻게 살아야 하는가?" "왜 살아야 하는가?" "무엇이 정의인가?" "무엇이 가치 있는 것인가?" "내가 어디로 가는가?"와 같은 질문이 성립되는 것이다.

사실 '기준'이라는 것은 굉장히 무거운 말이다. 아무나 법을 정하면 될 것 같아도 전체주의 국가가 아닌 이상 그렇게 막 정하는 것은 쉽지 않다. 전통과 순리에 따르는 것이 자연스러운 현상이다. 동·서양의 윤리와 도덕, 법들은 대부분 하나님의 창조질서를 근간으로 하고 있다. 그냥 하늘에서 뚝 떨어진 것이 아니다. "내가 말하는 것이 법이야!" 사실 엄청난 말이다. 내가 기준이라는 말이기 때문이다. 알고 나면 내가 기준이 된다는 것은 두렵고 떨리는 일이다. 그만큼 기준이라는 말은 준엄한 말이다.

또 하나 중요한 것은 '책임'이다. 기준을 세운다는 것은 또한 책임도 질 수 있다는 것을 의미한다. 창조주 하나님이 기준을 제시한다고 할 때 그분이 모든 결과에 대해 책임도 진다는 의미이다. 엄청난 말이다.

예를 들어 내가 내 삶의 기준이 된다면 모든 책임을 내가 져야 한다는 것이다. "내 인생은 내 맘대로 산다"라고 할 때, 그 책임은 고스란히 내가 질 수 있어야 한다는 것이다. 행복도, 불행도 말이다. 과연 그럴 수 있는가? 물론 철부지 아이들처럼 "내 인생은 내가 책임질게요! 아빠는 간섭하지 마세요!"라고 큰소리칠 수는 있겠지만, 정말 책임질 수 있는가는 다른 문제다. 그래서 기준이 된다는 것이 쉬운 문제가 아니다. 기준이 분명해야 거기서 권위가 나오고, 질서가 형성되는 것이다.

창조주 하나님의 위대하심은 우주와 자연을 보면 쉽게 알 수 있다. 얼마나 치밀한지, 얼마나 오묘한지 말로 다 표현할 수가 없다. 이 우주의 주인이 없다는 것이 어떻게 이해되는가! 인간의 불완전한 논리와 우둔한 언어로 어떻게 우길 수는 있겠지만, 그건 억지일 뿐이다. 부모가 분명히 있는데, 왜 굳이 사생아私生兒라고 주장하려는가!

14

이제 주인을 인정하지 않는 것이 얼마나 위험천만한 것인지 언급하고자 한다.

가장 치명적인 것은 기준을 무너트리려는 현상이다. 특히 21세기 들어 기준이 두드러지게 무너지고 있음을 체감하게 된다. 가치 상대주의價値相對主義가 대표적인 현상이다. 절대적인 기준과 진리를 인정하지 않으려는 것이다. 다양성과 개별성을 앞세우며 전통과 질서, 원칙을 무력화시킨다. 가장 큰 원인은 인본주의人本主義다(잠 16:25). 이것은 하나님을 믿는다고 하는 크리스천들도 예외가 아니다. 가치의 객관적인 지대가 현저히 줄어들고, 주관적인 지대가 엄청나게 확장되고 있다는 것이다. 물론 사고의 다양성은 좋은 것이지만 어느 정도여야 하는데, 그 선이 없다는 것이다. 전통을 '불통不通' '꼰대'라는 말로 쉽게 폄하해 버린다는 것이다. 이런 현상은 주로 평등, 인권, 평화라는 탈을 쓰고 슬그머니 엉덩이를 밀어 넣는다. 물론 개인적으로는 그럴 수 있다고 보지만, 요즘은 대개 집단적으로 이런 현상이 일어난다는 것이다.

대표적인 것이 '성性 평등'이다. 남녀평등도 어느 정도 문제가 있다. 서로를 존중하자는 측면에서는 충분히 이해할 수 있지만, 남성과 여성의 역할을 동일하게 하려는 것은 매우 잘못된 것이다. 남자는 바지, 여자는 치마, 남자는 청색, 여자는 분홍색으로 표하는 것도 차별이라고 한다. 그저 모두가 중성中性이길 바라는 모양이다. 더 큰 문제는 동성애를 합법적으로 인정하자는 것이다. 이것은 하나님의 창조 질서를 깨트리는 매우 심각한 죄罪임에도 평등, 인권으로 포장하려 든다. 이것은 자연의 대원칙을 깨트리는 행위이다. 남자와 여자, 암컷과 수컷, 음陰과 양陽, 이렇게 명확한 이치理致도 무너트리려고 하는 것이 지금 세상이다. 한마디로 사악邪惡하기 짝이 없다. 소수가 숨어서 해야 할 것도 버젓이 합법적으로 하겠다는 것이다. 성경에도 동성애가 죄라고 명확하게 명시되어 있다(롬 1:26~27).

결혼을 하지 않고 독신으로 사는 사람이나(창 2:24) 결혼은 해도 자녀를 가지지 않으려는 사람들(창 1:27~28), 이 모두 정상적인 것은 아니다. 이것은 대개 개인의 편의便宜를 위한 것이다. 물론 배우자를 못 찾거나 불임不妊같이 부득이한 환경에 처한 경우를 비난하려는 것은 아니다. 사회 풍조가 그렇게 흘러가는 것에 대해 지적하는 것이다.

그리고 학생인권을 잘못 적용해 정당한 교권을 실추시킨다든지, 가정폭력·아동 학대 등을 잘못 적용해 부모의 고유한 교육권을 침해하는 것도 창조질서를 깨트리는 매우

우려스러운 현상이라고 할 수 있다(잠 23:13~14).

언젠가부터 우리 사회에서는 어른, 징계, 훈계, 충언이 사라졌다(잠 27:5~6). 잘못을 저질러도 책임지려고 하지 않는다. 전부 자칭 상처투성이뿐이다. 물론 시대가 흐르며, 악성惡性 상처를 주는 사람들이 급격하게 늘어난 것도 사실이지만, 그보다 전반적으로 상처에 대한 저항력, 면역력이 너무 떨어졌다는 것이 문제이다. 다른 말로 하면 인간을 지탱하는 근간이 너무 유약해진 것이다. 반응이 매우 극단적이다. 중간이 없다. 상처받아 우울하든지 무참하게 보복하든지 둘 중 하나이다.

징계, 훈계, 책임감이 없으면 결코 건강한 사회를 기대할 수 없다(잠 10:17, 25:11~12). 구석구석이 썩어 악취가 진동할 것이다. 그런 사회는 전부 방독면을 쓰고 살아갈 수밖에 없다. 그래서 심각한 것이다.

또 하나는 유행에 너무 민감한 사회가 되었다는 것이다. 국가도, 단체도, 개인도 마찬가지다. 법, 질서, 정의, 도덕, 윤리, 전통, 본질, 정체성이 아니라 실용성이 대세다. 인기 있고 돈 되는 것이 최고인 세상이 되어버렸다는 것이다. 월드컵 축구, 김연아, BTS, 기생충, K-Pop, 음악으로는 뮤지컬·실용 음악, 국가의 정책으로는 분배·복지, 대학은 입시·취업. 이러한 현상은 출판, 교육, 예술, 종교 분야에도 크게 다르지 않은 듯하다. 한마디로 포퓰리즘 기반 사회가 된 것이다. 사회 전반에 당뇨병 증상이 만연하다. 이러한 것은 모두 하나님의 창조질서를 깨트리는 행위이다. 어디서 이런 망상이 나오는지 참 어이가 없다. 진리가 무너지는 것은 한순간이다. 그래서 <공책>이 필요하다.

이 모든 것은 인간의 교만과 오만방자함에서 기인하는 것이다. 요즘 사람들은 법을 잘 지키지 않는다. 질서도 없다. 잘못해도 인정하지도 않고 미안한 줄도 모른다. 미안한 척도 안 한다. 안하무인眼下無人이다. 모든 일이 자기중심적이다. 자기가 최상이요 자신의 이익이 가장 우위에 있는 것이다.

이런 현상은 모두 주인을 인정하지 않는데서 오는 것이다. 어른도, 질서도, 기준도 없는 세상이다. 그야말로 자기 마음대로 산다(잠 17:15). 그래서 전통도, 윤리도, 자연도 파괴되는 것이다.

이 책을 읽는 모든 독자가 크리스천은 아닐 것이다. 그래도 자신의 주인이 누구인지를 한번 돌아보는 것은 매우 유익하리라 생각한다.

15

내가 거룩하니 너희도 거룩할지어다(레 11:45)

하나님의 속성을 가장 잘 나타낼 수 있는 단어가 무엇일까? 아마 '거룩'이 아닐까? 나는 거룩이라는 단어를 특별히 좋아한다. 색으로 말하면 아마 '흰색'이 될 것이다. 백지白紙는 거룩을 담아낼 수 있는 유일한 공간이다. 나는 감히 거룩이라는 단어를 떠올릴 수 없는 존재이지만, 하나님께서 "거룩하라"라고 명령하셨기 때문에 끊임없이 거룩을 꿈꾸고 있다. 그래서 그런지 나는 흰색을 매우 좋아한다. 우유를 좋아하는 것도 그 때문이다. 우리가 사는 세상은 온통 어두움뿐이지만 하나님을 통해 빛을 경험한다. 구원을 이루어간다는 것은 바로 거룩하게 되어간다는 것이다. 이것이 바로 '성화聖化'의 과정이다.

내가 가장 경외敬畏하는 분이 거룩하신데, 어찌 지저분한 몰골로 나아갈 수 있겠는가! 가장 정결한 상태로 나아가지 않겠는가! 거울을 보고 또 보며, 씻고 또 씻으며 준비하지 않겠는가! 사랑하고 존경하는 사람을 만나도 그럴진대, 하물며 신神이신 하나님이랴! 상상만 해도 가슴이 벅차다. 그 거룩하신 분이 바로 온 우주와 대자연의 주인主人이자 나의 주인이신 하나님이다. 구약성경 룻기에 나오는 보아스를 생각하면 상상이 그리 어렵지 않으리라.

적어도 하나님 정도는 돼야 주인이지! 하나님은 그 이름도 멋있다. "스스로 있는 자!" "나는 나다!"(출 3:14) 누가 감히 흉내 낼 수 있으랴? 비교할 대상이 없다. 그래서 홀로 거룩하신 분이시다. 빽빽한 글로는 도무지 하나님의 거룩하심을 표현할 수가 없다. 말로도 말고 노래하지도 마라! 잠잠 하라! 그저 그분의 체취를 느껴라! 이것이 하나님의 언어다. 인간의 그 어떤 아름다움과 화려함과 대단한 것도 하나님의 거룩하심을 표현할 길이 없다(미 6:6~8).

나는 예배시간에 그와 비슷한 현상을 종종 경험한다. 우리가 정말 슬플 때, 정말 기쁠 때 아무 말을 할 수 없는 것처럼…. 하나님의 말씀을 차마 소리 내어 읽지 못한다. 소리 내어 찬양할 수가 없다. 말문이 막힌다. 그저 가슴으로 할 뿐이다. 소리 없이 읽고, 소리 없이 찬송한다. 그저 "아~!" 그래서 <공책>을 출판하는 것이다.

하나님은 거룩하시다. 하나님은 전지전능全知全能하시다. 하나님은 인간과는 차원이 다른 존재이시다. 하나님은 너무 광대하시고, 너무 크시기 때문에 인간의 오감으로는 도저히 인지할 수도, 설명할 수도 없다. 그분이 바로 나의 주권자요 주인이시다.

인간들은 하나님을 그저 석가나 공자 정도로 생각한다. 아니 그만큼도 취급하지 않는 듯하다. 우리는 지구가 회전하는 것도 느끼지 못한다. 지구가 둥글다는 것도 도무지 느낄 수가 없다. 그런 제한된 감각으로 하나님을 규정하고 이해하려고 하니 얼마나 안타까운 일인가!

"내가 거룩하니 너희도 거룩할지어다"

우리는 사실 '거룩'이 뭔지도 모른다. 제사상의 조기 정도로 안다. 거룩을 모르면 하나님의 영광을 이해할 수 없다. 하나님의 사랑도 이해할 수 없다. 진정한 회개와 감사도 불가능하다. 하나님이 독생자 예수 그리스도를 이 땅에 보내신 것도 그저 생명의 은인恩人정도로 생각할 뿐이다. 2차원적인 사고로 4차원적인 것을 이해할 수는 없다. 검은색이 인간의 색이라면 흰색은 하나님의 색이다. 검은색은 극히 제한적이지만 흰색은 무한대이다. 우리가 막 살면 안 되는 이유가 바로 여기에 있다. 흰색은 하나님을 알게 하며, 탁한 영혼을 정화淨化시켜준다. 지금 우리의 영혼은 방치해도 될 정도로 맑지 않다. 탁하다. 엄청 탁하다. 도저히 하나님을 볼 수 있는 상태가 아니다. 성도가 행함을 소홀히 할 수 없는 이유가 바로 여기에 있다(마 7:24~27).

16

우리가 죄罪 가운데서 여전히 뚱칠하고 있을 때 하나님께서 이 땅에 독생자 예수님을 보내셔서 우리의 죄를 깨끗하게 씻겨 구원하신 것이다. 그리고 우리를 거룩하다고 부르셨다. 그래서 우리의 이름이 성도聖徒(거룩한 자들, 구별된 자들)인 것이다.

'거룩'이라는 말이 왜 중요한가? 하나님과 인간의 속성과 관계를 가장 잘 표현해주는 개념이기 때문이다. 그뿐만 아니라 하나님을 경외하는 자, 즉 성도들이 이 세상을 어떻게 살아야 할지도 명확하게 보여주는 단어이다.

'거룩하신 하나님'이란 흠과 죄가 하나도 없으신 분이라는 것을 의미한다. 또한 인간과 완전히 구별된 존재라는 의미이기도 하다. 인간이 하나님의 형상을 닮았다는 것은 일정한 속성을 닮았다는 의미이지 하나님과 동등하다는 것을 의미하는 것이 결코 아니다. 하나님은 인간과는 본질적으로 다른 분이시다.

인간이란 본질적으로 타락한 존재이다. 성도란 하나님께서 예수님을 통해 우리의 죄를 용서하시고 구원하신 사실을 고백하는 모든 인간들에게 주어진 칭호이다. 성도란 본질적으로 죄와 완전히 단절된 상태에 있다는 것을 의미한다. 이것이 구원의 시작이다. 말하자면 예수님의 대속代贖을 고백하고, 천국행 티켓을 선물로 받은 상태라 할 수 있다. 중요한 것은 그다음 단계이다. 하나님과의 관계는 회복되었지만 하나님의 형상이 온전히 회복된 것은 아니기 때문이다. 거룩을 향해 나아가는 단계를 성화聖化라고 하는데, 이것이 없으면 그야말로 도루묵이다. 그 천국행 티켓도 휴지조각이 될 수 있다는 말이다. 세상과 구별된 신분을 가진 성도가 세상을 떠날 때까지 끊임없이 성화의 과정을 거쳐야 하는 이유이다. 인간의 색인 검은색에서 하나님의 색인 흰색을 향해 부단히 나아가야 한다는 것이다. 책으로 비유하면 검은 글자를 백지에 이를 때까지 한 자 한 자 지워나가는 것이다. 거룩한 삶이 따르지 않는 성도는 성도가 아니다. 성도라 할 수 없다. 그야말로 무늬만 성도인 것이다.

'거룩'은 그저 입에 발린 노래가 아니다. 우리와 관계없는 고상한 이야기도 아니다. 하나님께 단절된 상태가 아니라면 '성화'는 필연적인 과정이다. '거룩한 영성', '거룩한 삶'은 아무리 강조해도 지나치지 않다. 이 세상이 이 지경이 된 것은 바로 '거룩'의 결핍 때문이다.

인간이 얼마나 어리석고 무지無知한지, 방금 죄罪와 악수한 그 시커먼 손으로, 아무렇지도 않게 거룩하신 하나님의 손을 잡으려고 한다는 것이다.

17

사랑은 오래 참고 사랑은 온유하며…(고전 13:4)

나는 <공책>에서 세 가지의 주제를 제시했다. 이것은 내 인생에서 가장 중요하다고 생각되는 주제들이다. 그 첫째가 '주인'이요, 둘째가 '거룩'이요, 셋째는 지금 막 언급하려는 '사랑'이다. 하나님의 영역, 중간 영역, 인간의 영역, 나름대로 세 가지의 영역을 염두에 두고 주제들을 선정했다. 물론 모두 공통적인 영역을 포함하고 있지만, 각각의 포커스는 조금씩 다르다.

무엇보다 중요한 것은 사랑은 인생人生의 시금석試金石이라는 사실이다. 첫 번째, 두 번째 주제로 제시된 '주인'과 '거룩'도 결국은 사랑을 전제로 한 것이다. 사랑이 없으면 이는 아무것도 아닌 것이다. '주인'은 폭군이요, '거룩'은 그저 공포일뿐이다. 그것은 하나님의 뜻이 아니다.

'공의'와 '사랑'은 사실 같은 말이다. 공의가 전제되지 않는 사랑도, 사랑이 전제되지 않는 공의도 불완전할 따름이다. 징계가 중요하고, 훈계가 중요하다는 것은 오직 사랑의 표현방식으로만 유효한 것이다. 용서와 포용도 오직 공의 안에서 유효한 것이다. 바르다는 것도 사랑이라는 시금석을 통과해야 의미가 있는 것이다. 그렇지 않으면 그건 단지 폭력일 뿐이다.

　사랑은 하나님과 인간과의 관계에서도 본질적인 것이고, 인간과 인간과의 관계에서도 마찬가지다. 사랑에 대해서는 성경 고린도전서 13장에서 비교적 자세히 언급하고 있지만, 여기에서는 맨 첫 구절만 인용하였다. 이것만 해도 충분하다는 생각에서다. 오래 참고, 온유하면 더 덧붙일 필요가 없다는 의미이다. 물론 이것은 인간과의 관계를 전제로 한 것이다. 나도 몇 년 전부터 이 구절을 내 작업실 창문에 붙여놓고 실천하려고 노력하고 있지만 쉽지 않다.

　오~래 참고 매사에 부드럽게 대하면 사랑이 이루어지리라 믿는다. 친구를 위해 목숨을 버리라고는 하지 않는다. 그저 조금 더 참고, 조금 더 부드럽게 대하다 보면 머지않아 온전한 사랑을 맛보게 될 것이다.

18

"Have I said too much?"(말이 많았나요?)

영화 '에비타'(1996)에서 에바 페론이 마지막 연설에 했던 말이다. 참 감동적이다. 이것이 <공책>의 해설 부분을 마무리하는 나의 심정이다.

나름 열심히 설명은 했지만 다 궁색한 말들이다. 말을 아끼려고 했는데, 처음에 언급했듯이 출판 규정상 불가피하게 넋두리를 하게 된 점, 깊은 양해를 구한다. 혹 지금까지 주저리주저리 풀어놓은 설명이 두서없이 느껴질지 모르겠지만 그 의미가 그렇진 않으리라.

나도 지금껏 정말 열심히 살아왔다. 하지만 내 평생 한 것 중 가장 위대한 순간은 아무것도 할 수 없어 그저 누워있을 때이다. 이건 겸손이 아니다. 솔직한 고백이다.

인간은 깜짝 놀랄 만큼 대단하지만, 주인은 아니라는 사실을 분명히 기억할 필요가 있다. 주인은 아니다. 그럼에도 불구하고 여전히 주인 자리를 지키려고 아등바등 거리며 살아가는 나의 형제자매들이 있다면 나는 주저 없이 <공책>을 추천하고 싶다.

지금까지 세상의 많은 기름진 책들을 읽었다면, 당신에게 필요한 마지막 책은 아마 공책이 되리라.